Marketing Inmobiliario Exitoso

Destácate en el Mercado Competitivo

Copyright © 2024 Nombre del autor Eliecer Morales
Todos los derechos reservados.

Eliecer Morales

Dedicatoria

A Dios Todopoderoso, quien me iluminó y me dio la señal para emprender este camino y lanzar este libro.

A mis padres, por su amor incondicional y su guía a lo largo de mi vida; a mis hijos, fuente de inspiración y motivo de mi esfuerzo diario.

A mis compañeros del mundo del real estate, por ser parte de este viaje y por compartir conmigo su conocimiento y experiencia.

Y a todo mi entorno, que con su apoyo constante ha hecho posible la realización de este sueño.

Eliecer Morales

Eliecer Morales

Contenido

Prólogo

Introducción al Marketing Inmobiliario

Capítulo 1: Fundamentos del Marketing Inmobiliario

Capítulo 2: Investigación de Mercado y Análisis Competitivo

Capítulo 3: Desarrollo de Estrategias de Marketing Inmobiliario

Capítulo 4: Implementación de Tecnología y Medios Digitales

Capítulo 5: Construcción de una Cartera de Clientes Sólida

Capítulo 6: Técnicas Avanzadas de Promoción y Ventas

Capítulo 7: Casos de Estudio y Prácticas Exitosas en el Mercado Inmobiliario

Capítulo 8: Desarrollo de Marca Personal para Agentes Inmobiliarios

Capítulo 9: Estrategias para el Posicionamiento en Redes Sociales y Plataformas en Línea

ANEXO

Prólogo

El mercado inmobiliario es uno de los sectores más competitivos y dinámicos en la economía global. Cada día, miles de profesionales buscan destacar en un entorno donde la innovación, la estrategia y el conocimiento especializado son fundamentales para el éxito. Es en este contexto que nace **"Marketing Inmobiliario Exitoso: Destácate en el Mercado Competitivo"**, una obra que tiene como propósito brindar las herramientas, técnicas y estrategias necesarias para sobresalir en este desafiante campo.

Mi trayectoria en el mundo del real estate me ha enseñado que el éxito no es producto de la suerte, sino de la preparación, la constancia y la capacidad de adaptarse a las cambiantes demandas del mercado. Este libro es el resultado de años de experiencia, aprendizaje continuo y la aplicación de metodologías probadas que han llevado a muchos profesionales a alcanzar sus metas.

En estas páginas, encontrarás un enfoque integral del marketing inmobiliario, desde las bases teóricas hasta las aplicaciones prácticas, todo ello diseñado para ayudarte a desarrollar una estrategia sólida que te permita diferenciarte de la competencia. No es solo una guía técnica; es un llamado a la acción para que cada lector adopte una mentalidad proactiva y se convierta en un líder en su mercado.

Este libro no sería posible sin la inspiración divina que me guió en su creación, así como el apoyo incondicional de mis seres queridos y colegas. A ellos, mi más profundo agradecimiento.

Espero que este libro sea una fuente de inspiración

Eliecer Morales

Eliecer Morales

Eliecer Morales

Introducción:

En el competitivo mundo del mercado inmobiliario, destacarse y alcanzar el éxito no es una tarea sencilla. Con la creciente competencia y la evolución constante de las preferencias del consumidor, los profesionales del sector necesitan estar equipados con las estrategias y herramientas adecuadas para sobresalir. Es en este contexto que surge la necesidad de comprender a fondo el marketing inmobiliario y su papel fundamental en el proceso de compra, venta o alquiler de propiedades.

Este libro, **"Marketing Inmobiliario Exitoso Destácate en el Mercado Competitivo"**, está diseñado para ser una guía completa y práctica para los agentes inmobiliarios, desarrolladores, inversores y cualquier persona interesada en aprovechar al máximo las oportunidades en el mercado inmobiliario.

A lo largo de estas páginas, explicaremos los principios fundamentales del marketing aplicados al sector inmobiliario, desde la comprensión de las necesidades y deseos del cliente hasta la creación de estrategias efectivas de promoción y ventas. Analizaremos en detalle cómo llevar a cabo una investigación de mercado exhaustiva y cómo utilizar esa información para desarrollar estrategias sólidas que generen resultados tangibles.

Además, abordaremos la importancia cada vez mayor de la tecnología y los medios digitales en el marketing inmobiliario moderno. Desde el uso de redes sociales y marketing por correo electrónico hasta la implementación de realidad virtual y recorridos virtuales, explicaremos cómo estas herramientas pueden potenciar la visibilidad de una propiedad y aumentar las oportunidades de venta o alquiler.

No menos importante, nos adentraremos en la construcción de una cartera de clientes sólida, destacando la importancia de establecer relaciones duraderas y confiables en un mercado cada vez más competitivo. Explicaremos técnicas efectivas para atraer, retener y fidelizar clientes, así como estrategias para gestionar eficientemente dicha cartera y maximizar su potencial.

En resumen, **"Marketing Inmobiliario Exitoso Destácate en el Mercado Competitivo"** está destinado a ser un recurso indispensable para aquellos que desean sobresalir en el mercado inmobiliario actual. A través de ejemplos prácticos, consejos expertos y análisis detallados, este libro proporcionará a los lectores las herramientas y el conocimiento necesarios para triunfar en este apasionante y dinámico sector.

Capítulo 1: Fundamentos del Marketing Inmobiliario

El marketing inmobiliario es una disciplina fundamental en el mundo actual de bienes raíces, donde la competencia es feroz y las expectativas de los clientes son cada vez más exigentes. En este primer capítulo, explicaremos los fundamentos del marketing aplicados al sector inmobiliario, desde la comprensión de los principios básicos hasta la identificación de las tendencias y estrategias más efectivas.

Para comenzar, es crucial entender que el marketing inmobiliario no se trata solo de vender o alquilar propiedades, sino de satisfacer las necesidades y deseos de los clientes de manera efectiva. Esto implica conocer a fondo el mercado objetivo, comprender las tendencias del mercado y anticipar las demandas de los clientes.

Uno de los conceptos clave en el marketing inmobiliario es el enfoque en el cliente. En un mercado saturado de opciones, es fundamental diferenciarse ofreciendo un servicio personalizado y centrado en las necesidades individuales de cada cliente. Esto implica escuchar activamente sus requisitos, comprender sus preferencias y trabajar en estrecha colaboración para encontrar la propiedad perfecta que satisfaga sus expectativas.

Otro aspecto fundamental del marketing inmobiliario es la imagen de marca. Construir y mantener una sólida reputación en el mercado es esencial para generar confianza y credibilidad entre los clientes. Esto incluye aspectos como el diseño de logotipos, la creación de materiales de marketing atractivos y la gestión proactiva de la presencia en línea a través de sitios web y redes sociales.

Además, el marketing inmobiliario se basa en gran medida en la comunicación efectiva. Los agentes inmobiliarios deben ser capaces de comunicar claramente las características y beneficios de una propiedad, así como proporcionar información detallada sobre el proceso de compra, venta o alquiler. Esto incluye habilidades de negociación sólidas y la capacidad de resolver cualquier inquietud o pregunta que puedan tener los clientes.

En resumen, los fundamentos del marketing inmobiliario se centran en comprender al cliente, construir una imagen de marca sólida y comunicarse eficazmente. Estos principios fundamentales sientan las bases para el éxito en el mercado inmobiliario, proporcionando a los profesionales las herramientas y estrategias necesarias para destacarse en un entorno altamente competitivo.

Eliecer Morales

Capítulo 2: Investigación de Mercado y Análisis Competitivo

En el mundo dinámico del mercado inmobiliario, la investigación de mercado y el análisis competitivo desempeñan un papel crucial en el desarrollo de estrategias efectivas de marketing. En este segundo capítulo, exploramos en profundidad la importancia de la investigación de mercado y cómo llevar a cabo un análisis competitivo para maximizar las oportunidades de éxito.

La investigación de mercado es un proceso fundamental que permite a los profesionales del sector inmobiliario comprender las tendencias del mercado, identificar las oportunidades y amenazas, y conocer a fondo a su público objetivo. Esto implica recopilar y analizar datos relacionados con la oferta y la demanda de propiedades en una determinada área geográfica, así como estudiar los precios, las características de las propiedades y las preferencias de los clientes.

Una de las herramientas más comunes utilizadas en la investigación de mercado es el análisis comparativo de mercado **(CMA, por sus siglas en inglés)**, que consiste en evaluar propiedades similares que se han vendido recientemente en el área para determinar un precio competitivo para una propiedad en particular. Además, se pueden utilizar encuestas y entrevistas con clientes potenciales para recopilar información sobre sus necesidades, preferencias y comportamientos de compra.

Una vez recopilados los datos, es crucial realizar un análisis competitivo para evaluar la posición de la empresa en relación con sus competidores directos e indirectos. Esto implica identificar a los principales competidores en el mercado, analizar sus fortalezas y debilidades, y evaluar las estrategias de marketing que están utilizando para promocionar sus propiedades.

El análisis competitivo también puede ayudar a identificar oportunidades de diferenciación y nichos de mercado no explotados que la empresa pueda aprovechar. Por ejemplo, si se descubre que la mayoría de los competidores se centran en propiedades residenciales de lujo, podría ser una oportunidad para dirigirse a un mercado de alquiler de propiedades comerciales o de inversión.

En resumen, la investigación de mercado y el análisis competitivo son componentes fundamentales del proceso de marketing inmobiliario. Al comprender las tendencias del mercado, conocer a fondo a los clientes y evaluar la competencia, los profesionales del sector pueden desarrollar estrategias efectivas que maximicen las oportunidades de éxito en un mercado cada vez más competitivo.

Capítulo 3: Desarrollo de Estrategias de Marketing Inmobiliario

En este tercer capítulo, nos adentraremos en el desarrollo de estrategias de marketing específicas para el sector inmobiliario. La creación de un plan de marketing sólido es esencial para destacarse en un mercado competitivo y maximizar las oportunidades de venta o alquiler de propiedades.

El primer paso en el desarrollo de estrategias de marketing inmobiliario es establecer objetivos claros y alcanzables. Estos objetivos pueden incluir aumentar la visibilidad de la marca, generar leads de calidad, aumentar las tasas de conversión o expandir la cartera de clientes. Al tener metas definidas, se pueden desarrollar estrategias específicas que estén alineadas con los objetivos comerciales.

Una vez establecidos los objetivos, es importante identificar al público objetivo y comprender sus necesidades, deseos y comportamientos de compra. Esto permitirá adaptar las estrategias de marketing para llegar de manera efectiva a la audiencia adecuada y generar un mayor impacto.

El siguiente paso es seleccionar las tácticas y canales de marketing adecuados para alcanzar al público objetivo. Esto puede incluir la creación de contenido relevante y atractivo para redes sociales, la optimización de sitios web y listados de propiedades en línea, la participación en eventos de la industria, la publicidad pagada en medios digitales, entre otros.

Además, es fundamental integrar estrategias de marketing tradicionales y digitales para maximizar el alcance y la efectividad de la campaña. Por ejemplo, se puede combinar la distribución de folletos impresos con campañas de correo electrónico segmentadas o anuncios dirigidos en redes sociales.

La medición y el análisis de resultados son aspectos clave en el desarrollo de estrategias de marketing inmobiliario. Al monitorear de cerca el rendimiento de cada táctica y canal, se puede identificar qué estrategias están funcionando bien y cuáles necesitan ajustes. Esto permitirá realizar mejoras continuas y optimizar el retorno de la inversión en marketing.

En resumen, el desarrollo de estrategias de marketing inmobiliario implica establecer objetivos claros, identificar al público objetivo, seleccionar tácticas y canales adecuados, integrar estrategias tradicionales y digitales, y medir y analizar resultados. Al seguir estos pasos y adaptarse a las necesidades cambiantes del mercado, los profesionales del sector pueden crear campañas de marketing efectivas que impulsen el éxito en el mercado inmobiliario.

Capítulo 4: Implementación de Tecnología y Medios Digitales

En la era digital actual, la tecnología juega un papel fundamental en el marketing inmobiliario. En este cuarto capítulo, explicaremos cómo aprovechar al máximo las herramientas y los medios digitales disponibles para aumentar la visibilidad de las propiedades y llegar a un público más amplio de manera efectiva.

El uso de tecnología y medios digitales en el marketing inmobiliario ofrece numerosas ventajas, incluida una mayor accesibilidad y alcance global. Uno de los aspectos más importantes es la creación de una presencia en línea sólida a través de un sitio web profesional y listados de propiedades en plataformas inmobiliarias reconocidas. Esto no sólo proporciona a los clientes potenciales información detallada sobre las propiedades disponibles, sino que también aumenta la visibilidad de la marca en línea.

Además, el marketing de contenido juega un papel crucial en la promoción de propiedades en línea. La creación de contenido relevante y atractivo, como publicaciones de blog, videos de recorrido virtual y testimonios de clientes, puede ayudar a captar la atención de los clientes potenciales y generar interés en las propiedades disponibles.

Las redes sociales también son una herramienta poderosa en el arsenal de marketing digital de un agente inmobiliario. Plataformas como Facebook, Instagram y LinkedIn permiten llegar a una audiencia más amplia y generar engagement con clientes potenciales a través de contenido visual atractivo, anuncios dirigidos y publicaciones regulares.

Otra tecnología emergente que está transformando el marketing inmobiliario es la realidad virtual **(RV)** y los recorridos virtuales. Estas herramientas permiten a los clientes explorar una propiedad desde la comodidad de su hogar, lo que ahorra tiempo y ofrece una experiencia inmersiva que puede influir en su decisión de compra o alquiler.

Además, el uso de datos y análisis en el marketing inmobiliario digital es fundamental para medir el rendimiento de las campañas y realizar mejoras continuas. El seguimiento de métricas clave, como el tráfico del sitio web, las tasas de conversión y la interacción en redes sociales, proporciona información valiosa que puede utilizarse para optimizar las estrategias de marketing y maximizar el retorno de la inversión.

En resumen, la implementación de tecnología y medios digitales en el marketing inmobiliario ofrece oportunidades emocionantes para aumentar la visibilidad de las propiedades, llegar a un público más amplio y generar leads de calidad. Al aprovechar al máximo estas herramientas y adaptarse a las tendencias del mercado, los profesionales del sector pueden posicionarse de manera efectiva en un entorno altamente competitivo y alcanzar el éxito en el mercado inmobiliario.

Eliecer Morales

Capítulo 5: Construcción de una Cartera de Clientes Sólida

En este quinto capítulo, nos centraremos en la importancia de construir y mantener una cartera de clientes sólida en el sector inmobiliario. Una cartera de clientes bien desarrollada no solo proporciona oportunidades de venta o alquiler de propiedades, sino que también genera referencias y aumenta la reputación y credibilidad de un agente inmobiliario.

El primer paso para construir una cartera de clientes sólida es establecer relaciones sólidas con los clientes existentes. Esto implica ofrecer un servicio excepcional, cumplir con las expectativas del cliente y mantener una comunicación abierta y transparente en todo momento. Los clientes satisfechos no solo son más propensos a realizar futuras transacciones inmobiliarias, sino que también pueden convertirse en defensores de la marca y referir nuevos clientes.

Además, es importante diversificar la cartera de clientes para reducir el riesgo y maximizar las oportunidades de negocio. Esto puede implicar trabajar con una variedad de clientes, incluidos compradores, vendedores, inversores y desarrolladores, y especializarse en diferentes tipos de propiedades, como residencial, comercial o de inversión.

Una estrategia efectiva para construir una cartera de clientes sólida es utilizar el poder del networking y la construcción de relaciones. Participar en eventos de la industria, unirse a asociaciones profesionales y establecer contactos con otros profesionales del sector inmobiliario puede proporcionar oportunidades para conocer a nuevos clientes y establecer relaciones valiosas a largo plazo.

Además, el marketing de contenido puede ser una herramienta poderosa para construir una cartera de clientes sólida. La creación de contenido útil y relevante, como guías de compra de viviendas, consejos para vendedores y actualizaciones del mercado, puede ayudar a establecerse como un experto en el sector y atraer clientes potenciales interesados en sus servicios.

Otra estrategia efectiva es aprovechar al máximo las referencias de clientes existentes. Pedir a los clientes satisfechos que recomienden sus servicios a amigos, familiares y colegas puede generar leads de alta calidad y aumentar la credibilidad de un agente inmobiliario.

En resumen, la construcción de una cartera de clientes sólida es fundamental para el éxito a largo plazo en el sector inmobiliario. Al establecer relaciones sólidas con los clientes existentes, diversificar la cartera de clientes, utilizar el networking y la construcción de relaciones, y aprovechar el poder del marketing de contenido y las referencias, los profesionales del sector pueden construir una base sólida de clientes que impulse su éxito en el mercado inmobiliario.

Capítulo 6: Técnicas Avanzadas de Promoción y Ventas

En este sexto capítulo, explicaremos técnicas avanzadas de promoción y ventas que pueden ayudar a los profesionales del sector inmobiliario a destacarse en un mercado competitivo y cerrar más negocios de manera efectiva.

Una técnica avanzada de promoción y ventas en el mercado inmobiliario es el uso de estrategias de marketing de contenido personalizado. Esto implica crear contenido específico y relevante para diferentes segmentos de clientes, lo que permite a los agentes inmobiliarios llegar de manera más efectiva a su público objetivo y establecer una conexión más sólida con ellos. Por ejemplo, se pueden crear guías de compra de viviendas personalizadas para diferentes grupos demográficos o crear videos de recorrido virtual específicos para propiedades de lujo.

Otra técnica avanzada es la implementación de estrategias de remarketing y retargeting. Esto implica mostrar anuncios específicos a clientes potenciales que han visitado previamente un sitio web o interactuado con contenido específico, lo que les recuerda la propiedad y aumenta las posibilidades de conversión. Por ejemplo, un cliente potencial que ha visitado una página de listado de propiedades puede ver anuncios relacionados cuando navega por otras páginas web o redes sociales.

Además, el uso de la inteligencia artificial **(IA)** y la automatización puede mejorar significativamente la eficiencia y la efectividad de las estrategias de promoción y ventas. La IA puede ayudar a analizar grandes volúmenes de datos para identificar patrones y tendencias, lo que permite a los agentes inmobiliarios personalizar aún más sus estrategias de marketing y mejorar la segmentación de audiencia. La automatización, por otro lado, puede ayudar a agilizar los procesos de seguimiento y gestión de clientes, lo que permite a los agentes inmobiliarios enfocarse en actividades de alto valor que generan resultados tangibles.

Además, la colaboración estratégica con otros profesionales del sector inmobiliario puede proporcionar oportunidades de promoción y ventas adicionales. Por ejemplo, trabajar en asociación con agentes inmobiliarios especializados en diferentes segmentos de mercado o colaborar con empresas de financiamiento hipotecario puede ampliar la red de contactos y generar leads de calidad.

En resumen, las técnicas avanzadas de promoción y ventas en el mercado inmobiliario incluyen estrategias de marketing de contenido personalizado, remarketing y retargeting, el uso de inteligencia artificial y automatización, y la colaboración estratégica con otros profesionales del sector. Al implementar estas técnicas de manera efectiva, los profesionales del sector pueden destacarse en un mercado competitivo y cerrar más negocios de manera eficiente y rentable.

Capítulo 7: Casos de Estudio y Prácticas Exitosas en el Mercado Inmobiliario

En este séptimo capítulo, examinaremos casos de estudio y prácticas exitosas en el mercado inmobiliario que pueden servir de inspiración y proporcionar insights valiosos para los profesionales del sector. A través del análisis de casos reales, podremos identificar estrategias efectivas, mejores prácticas y lecciones aprendidas que pueden aplicarse en diversos contextos.

Uno de los casos de estudio más comunes en el mercado inmobiliario es el de agentes o agencias que han logrado destacarse mediante el uso efectivo de estrategias de marketing de contenido y presencia en línea. Estos casos suelen destacar la importancia de crear contenido relevante y atractivo, optimizar sitios web y listados de propiedades, y utilizar las redes sociales de manera estratégica para llegar a una audiencia más amplia y generar leads de calidad.

Otro caso de estudio interesante es el de agentes o agencias que han utilizado exitosamente estrategias de networking y colaboración para expandir su red de contactos y generar oportunidades de negocio. Estos casos suelen resaltar la importancia de establecer relaciones sólidas con otros profesionales del sector inmobiliario, participar en eventos de la industria y buscar oportunidades de colaboración estratégica que beneficien a ambas partes.

Además, podemos analizar casos de agentes o agencias que han utilizado tecnología y herramientas digitales de manera innovadora para mejorar la experiencia del cliente y aumentar la eficiencia operativa. Estos casos pueden incluir el uso de realidad virtual y recorridos virtuales para mostrar propiedades de manera remota, el uso de plataformas de gestión de clientes para automatizar procesos de seguimiento y gestión de clientes, y el uso de análisis de datos para personalizar estrategias de marketing y mejorar la segmentación de audiencia.

Al analizar estos casos de estudio y prácticas exitosas en el mercado inmobiliario, los profesionales del sector pueden obtener insights valiosos e inspiración para aplicar en sus propias estrategias y prácticas comerciales. Al aprender de la experiencia de otros y adaptar las mejores prácticas a su propio contexto, los agentes inmobiliarios pueden aumentar sus posibilidades de éxito y destacarse en un mercado cada vez más competitivo.

Capítulo 8: Desarrollo de Marca Personal para Agentes Inmobiliarios

En el competitivo mundo del mercado inmobiliario, el desarrollo de una marca personal sólida puede marcar la diferencia entre el éxito y el estancamiento profesional. En este capítulo, explicaremos cómo los agentes inmobiliarios pueden desarrollar su marca personal para destacarse en un mercado saturado y construir relaciones duraderas con clientes potenciales y existentes.

El primer paso en el desarrollo de una marca personal es la autoevaluación y la definición de la identidad única de un agente inmobiliario. Esto implica reflexionar sobre las fortalezas, valores, pasiones y experiencia profesional del agente, y utilizar esta información para definir una propuesta de valor única que lo distinga de la competencia. Por ejemplo, un agente puede destacarse por su experiencia en un mercado específico, su enfoque personalizado en el servicio al cliente o su compromiso con la excelencia y la integridad en todas las transacciones.

Una vez definida la identidad de marca personal, es importante comunicar de manera coherente y efectiva en todos los puntos de contacto con los clientes potenciales y existentes. Esto incluye elementos visuales como el diseño de logotipo, colores y materiales de marketing, así como elementos verbales como el tono de voz, el estilo de escritura y el mensaje de marca. Todos estos elementos deben reflejar la personalidad y los valores de la marca personal del agente y crear una experiencia cohesiva y memorable para los clientes.

Además, es importante utilizar estrategias de marketing personal para aumentar la visibilidad de la marca personal y establecerse como un experto en el mercado. Esto puede incluir la creación de contenido útil y relevante, como blogs, videos y guías informativas, que demuestren el conocimiento y la experiencia del agente en el mercado inmobiliario. También puede incluir la participación en eventos de la industria, la colaboración con otros profesionales del sector y la participación activa en redes sociales para compartir información y conectarse con clientes potenciales.

La construcción de relaciones sólidas y la generación de confianza son aspectos fundamentales en el desarrollo de una marca personal efectiva. Los agentes inmobiliarios deben centrarse en ofrecer un servicio excepcional, cumplir con las expectativas del cliente y establecer relaciones a largo plazo basadas en la confianza y la integridad. Esto incluye mantener una comunicación abierta y transparente en todo momento, escuchar activamente las necesidades y preocupaciones del cliente, y actuar como un asesor de confianza en todas las etapas del proceso de compra, venta o alquiler de una propiedad.

En resumen, el desarrollo de una marca personal sólida es fundamental para el éxito a largo plazo de un agente inmobiliario en un mercado cada vez más competitivo. Al definir una identidad única, comunicar de manera efectiva, utilizar estrategias de marketing personal y construir relaciones sólidas con los clientes, los agentes inmobiliarios pueden destacarse y construir una reputación sólida que

impulse su éxito profesional en el mercado inmobiliario.

Eliecer Morales

Capítulo 9: Estrategias para el Posicionamiento en Redes Sociales y Plataformas en Línea

En este último capítulo, exploramos estrategias para el posicionamiento en redes sociales y plataformas en línea, considerando tanto el posicionamiento orgánico como los anuncios pagados **(Ads)** en cada plataforma clave. Abordaremos la importancia de Facebook, Instagram, Twitter, LinkedIn, Google, página web, blog personal y Google My Business Profile, así como su integración en el embudo de ventas.

la estrategia de posicionamiento orgánico **(orgánico)** y los anuncios pagados **(Ads)** a cada plataforma:

Facebook:

- **Posicionamiento orgánico:** Se recomienda publicar al menos 5 veces por semana para mantener la relevancia y el compromiso, como mínimo 4 publicaciones diarias para mantener informados a los seguidores.

- **Ads:** La frecuencia de publicación de anuncios dependerá del presupuesto y la estrategia de segmentación, pero se recomienda no saturar a la audiencia con demasiados anuncios en un corto período de tiempo.

Instagram:

- **Posicionamiento orgánico:** Se recomienda publicar al menos cinco veces a la semana para mantener la relevancia y el compromiso con los seguidores, como mínimo 4 publicaciones diarias para no sobrecargar el feed.

- **Ads:** Al igual que en Facebook, la frecuencia de publicación de anuncios dependerá de la estrategia de marketing y del presupuesto disponible, evitando saturar a los usuarios con demasiados anuncios seguidos.

Twitter:

- **Posicionamiento orgánico:** Se recomienda publicar al menos una vez al día para mantener la visibilidad y participar en conversaciones relevantes, pero es importante evitar el exceso de publicaciones para no saturar el feed de los seguidores.

- **Ads:** La frecuencia de publicación de anuncios en Twitter puede variar dependiendo de la estrategia de marketing, pero es importante mantener un equilibrio para no abrumar a la audiencia con demasiados anuncios.

LinkedIn:

- **Posicionamiento orgánico:** Se recomienda publicar al menos 2 veces por semana para mantener la presencia y participar en conversaciones relevantes en grupos y noticias del sector, evitando publicar demasiado seguido para no parecer invasivo.

- **Ads:** La frecuencia de publicación de anuncios en LinkedIn dependerá de la estrategia de segmentación y del presupuesto disponible, pero se recomienda mantener un equilibrio para no saturar a la audiencia con demasiados anuncios.

Google:

- **Posicionamiento orgánico:** La frecuencia de publicación de contenido en Google dependerá del sitio web y del blog personal, pero se recomienda publicar al menos una vez por semana para mantener la relevancia y la indexación en los motores de búsqueda.

- **Ads:** La frecuencia de publicación de anuncios en Google dependerá de la estrategia de marketing y del presupuesto disponible, pero se recomienda no saturar a los usuarios con demasiados anuncios en un corto período de tiempo.

Página web y blog personal:

- **Posicionamiento orgánico:** Se recomienda publicar al menos una vez por semana en el blog personal para mantener la relevancia y la indexación en los motores de búsqueda, evitando saturar a los lectores con demasiado contenido.

- **Ads:** La frecuencia de publicación de anuncios en el sitio web y el blog dependerá de la estrategia de marketing y del presupuesto disponible, pero se recomienda no sobrecargar a los usuarios con demasiados anuncios.

Google My Business Profile:

- **Posicionamiento orgánico:** No hay una frecuencia de publicación específica para Google My Business Profile, pero se recomienda mantener el perfil actualizado y responder a consultas y reseñas de manera oportuna para mantener la relevancia y la reputación en línea.

- **Ads:** Los anuncios en Google My Business Profile pueden variar en frecuencia dependiendo de la estrategia de marketing, pero se recomienda no saturar a los usuarios con demasiados anuncios.

Embudo de ventas:

- La frecuencia de publicación en el embudo de ventas dependerá de la etapa en la que se encuentre el cliente potencial y de la estrategia de marketing. Es importante mantener un equilibrio entre la frecuencia de publicación y la relevancia del contenido para no abrumar a los usuarios con demasiada información.

Para crear un embudo de ventas y generar leads, sigue estos pasos:

1. Reconocimiento: Utiliza herramientas como Google Ads y Facebook Ads para atraer tráfico a tu sitio web

o landing page. Ofrece contenido de valor a cambio de sus datos de contacto, como eBooks o webinars.

2. Interés: Utiliza herramientas de email marketing como Mailchimp o GetResponse para nutrir a tus leads con contenido relevante. Segmenta tus listas de correo según las preferencias y comportamientos de tus leads. Envía correos electrónicos con información útil y personalizada.

3. Consideración: Implementa un **CRM** como HubSpot o Salesforce para gestionar y dar seguimiento a tus leads. Automatiza tareas repetitivas como el seguimiento de correos electrónicos y la calificación de leads. Ofrece demostraciones o pruebas gratuitas de tu producto o

servicio para ayudar a los leads a tomar una decisión informada.

4. Acción: Facilita el proceso de compra utilizando herramientas como Shopify o WooCommerce para crear una experiencia de compra fácil y segura. Ofrece descuentos o promociones para incentivar la conversión. Realiza un seguimiento posterior a la compra para fomentar la lealtad del cliente y generar referencias.

Integrar un embudo de ventas en tu estrategia de marketing digital puede ser clave para convertir clientes potenciales en clientes reales. Aquí tienes un paso a paso para hacerlo:

1. Comprende tu audiencia: Investiga y define quiénes son tus buyer personas, sus necesidades y sus puntos de dolor. Esto te ayudará a personalizar tu embudo para atraer leads relevantes.

2. Crea contenido relevante: Desarrolla contenido valioso y atractivo para cada etapa del embudo **(conciencia, interés, decisión, acción)**. Utiliza blogs, infografías, videos y otros formatos para educar y guiar a tus leads a través del proceso de compra.

3. Implementa una herramienta de gestión de relaciones con el cliente **(CRM)**: Utiliza un **CRM** como HubSpot, Salesforce o Zendesk para organizar y gestionar tus contactos. Esto te permitirá realizar

un seguimiento efectivo de tus leads y personalizar tus interacciones con ellos.

4. Automatiza tu embudo: Utiliza herramientas de automatización de marketing como Mailchimp o ActiveCampaign para programar correos electrónicos, segmentar leads y enviar mensajes personalizados en el momento adecuado.

5. Analiza y ajusta: Realiza un seguimiento del rendimiento de tu embudo utilizando métricas como tasas de conversión, tiempo de permanencia en el **sitio web y ROI**. Ajusta tu estrategia según los datos recopilados para mejorar continuamente tus resultados.

En resumen, la frecuencia de publicación recomendada varía según la plataforma y la estrategia de marketing, pero es importante mantener un equilibrio para no saturar a la audiencia con demasiado contenido. Es importante experimentar con diferentes frecuencias de publicación y analizar los resultados para determinar cuál funciona mejor para alcanzar los objetivos de marketing.

Por Eliecer Morales, Autor del Libro:

Queridos lectores,

Es un honor para mí compartir con ustedes el fruto de años de experiencia y dedicación en el apasionante mundo del **marketing inmobiliario.** A lo largo de mi carrera, he tenido el privilegio de liderar **Eliecer Morales Inversiones**, una empresa que ha sido un faro de excelencia en la gestión de propiedades, desarrollo inmobiliario, tasación de bienes raíces, arrendamiento comercial y corretaje de apartamentos. Con una Maestría en Negocios Internacionales, he construido un enfoque estratégico que ha permitido a nuestros clientes alcanzar y superar sus metas financieras.

Este libro nace de la necesidad de compartir las estrategias y conocimientos que me han permitido guiar a innumerables inversionistas hacia el éxito. Con un equipo experto de contadores y lenders, en **Eliecer Morales Inversiones** hemos creado soluciones integrales que abarcan la compra, venta, inversión, renta y administración de propiedades, todo ello con el objetivo de maximizar el retorno de cada inversión.

Mi compromiso con la integridad, el enfoque estratégico y la pasión por lo que hago me han llevado a escribir este libro, con la esperanza de que pueda servirles como una guía práctica y efectiva para destacar en el competitivo

Eliecer Morales

ANEXO

Para configurar la segmentación en Facebook Ads, sigue estos pasos:

1. **Ubicación:**
    - Ve a la sección de segmentación en la configuración de tu campaña.
    - Selecciona "Personas que viven en esta ubicación" y elige Bogotá, Colombia. Si deseas ser más específico, puedes ajustar el radio alrededor de Bogotá.

2. **Demografía:**
    - Edad: Ajusta el rango de edad a 30-60 años.
    - Género: Selecciona "Todos".

3. **Intereses:**

    o En la sección de intereses, añade los siguientes:

    - Inversión inmobiliaria
    - Bienes raíces
    - Propiedades en EE.UU.
    - Miami (si es un enfoque específico)
    - Hipotecas
    - Inversiones y financiamiento

4. **Comportamientos:**

    o Añade comportamientos relacionados con:

    - Viajeros frecuentes internacionales
    - Personas que han mostrado interés en propiedades de lujo

- Compradores de alto valor

5. **Datos demográficos adicionales:**

    o En la sección de datos demográficos, puedes añadir:

    - Nivel educativo: Universitario o superior (busca "Nivel educativo" y selecciona las opciones relevantes)

    - Ingresos familiares: Alto (esto puede no estar disponible en todas las regiones, pero puedes buscar "Ingresos del hogar" si está disponible)

- Estado civil: Opcionalmente, puedes seleccionar "Casados" o "En pareja" si esto es relevante para tu campaña.

6. **Conexiones:**
    - En la sección de conexiones, puedes seleccionar:
        - "Personas que han interactuado con tu página" (si tienes una página de negocios en Facebook y datos previos)
        - "Amigos de personas que han interactuado con tu página" para ampliar el alcance dentro de un círculo de influencia.

7. **Idiomas:**

    o En la sección de idiomas, selecciona "Español".

Ejemplo de Configuración en Facebook Ads Manager:

1. **Crear un nuevo conjunto de anuncios:**

    o Ve a tu cuenta de Facebook Ads Manager y crea una nueva campaña o conjunto de anuncios.

2. **Configurar la audiencia:**

    o **Ubicación:**

- En la sección "Ubicaciones", ingresa "Bogotá, Colombia" y selecciona un radio si es necesario.

○ **Edad y Género:**

- Ajusta la edad a 30-60 años y selecciona "Todos" en el género.

○ **Datos demográficos, intereses y comportamientos:**

- En la sección "Segmentación detallada", haz clic en "Explorar" y selecciona:
    - **Datos demográficos:**

- Educación > Nivel educativo > Universitario
- Ingresos del hogar > Alto (si está disponible)
- Estado civil > Casado (opcional)

■ **Intereses:**
- Inversión inmobiliaria
- Bienes raíces
- Propiedades en EE.UU.

- Miami
- Hipotecas
- Inversiones y financiamiento

■ **Comportamientos:**
- Viajeros frecuentes internacionales
- Compradores de alto valor

3. **Conexiones:**
    - Añade conexiones seleccionando "Personas que han interactuado con tu página" o "Amigos de personas que han interactuado con tu página".

4. **Idiomas:**

    o En la sección de "Idiomas", selecciona "Español".

Esta configuración asegurará que tu anuncio se muestre a una audiencia específica en Bogotá que tiene un alto potencial de interés en invertir en propiedades en EE.UU.

Eliecer Morales

www.ingramcontent.com/pod-product-compliance
Lightning Source LLC
Chambersburg PA
CBHW070407230526
45471CB00006B/2691